# 일본을 위한 31일 기도 가이드

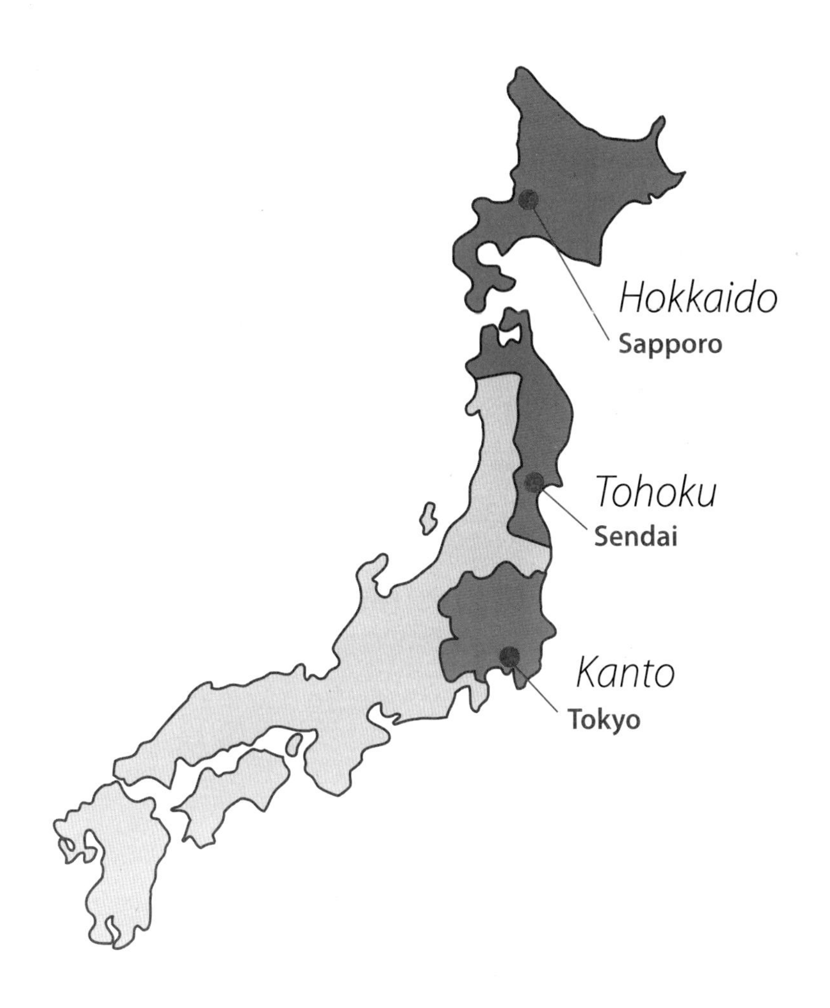


**일본을 위한 31일 기도가이드 제2판**


**작가 :** Matthias Buerki, JP Carvalho, How Chuang Chua, Janet Dallman, Peter Dallman, Miriam Davis, Ruth Dueck, Richard East, John Elliot, David Ferguson, Lorna Ferguson, Ruth Mae Ghent, Micah Ghent, Liz Jeggo, Rosanne Jones, JP Koch, Steve Manders, Wendy Marshall, Alison North, Kinten Ong, Chris Pain, Dale Viljoen, Hwee Joo Yeo.

**사진작가 :** How Chuang, Miriam Davis, Philipa Kalungi, JP Koch, Roddy Mackay, Mike McGinty, Kevin R Morris, and Martin Seccombe.

# CONTENTS

# 일본을 위한 31일 기도

OMF

## 편집자의 소개글

일본이라는 나라는 대체적으로 부유하고 아름답고 기술이 발달해 있다. 그래서 사람들이 이 나라는 크게 결핍된 것이 없다고 느끼는 경우가 많다. 지난 2011년 엄청난 지진(쓰나미)로 인해 핵과 관련된 재난을 당했을 때, 일본의 필요들이 세계무대에 떠올랐다. 계속 필요한 것들이 있지만 잘 알려지지 않고 있다. 2011년의 재앙으로 사망한 사람보다 더 많은 사람들이 해마다 스스로 목숨을 끊는다.

일본에 살면서 사역하는 선교사들이 볼 때 이 나라의 영적, 사회적, 감정적 필요는 너무도 분명하다. 이 나라는 우리의 마음에 있으며 다른 사람들이 우리와 함께 짐을 나누기를 희망한다. 일본에서 사역하는 OMF 선교사들이 쓴 이 작은 책이 여러분에게 이 복잡한 나라를 잠시 볼 수 있는 기회가 되었으면 한다. 우리와 함께 이 나라를 하늘에 계신 아버지께 올려드리며 기도해주기를 소망한다.

**웬디 마셜 & 로나 퍼거슨**

"의인의 간구는 역사하는 힘이 큼이니라."

야고보서 5장 16절

**OMF 일본의 사명**

"일본의 긴급한 복음화와 제자화를 통하여 하나님을 영화롭게 한다."

1일

## 일본에 관하여

혼잡한 도쿄를 벗어나면, 산이 연이어 있고 강이 흐르고 있으며 논이 있는 시골 마을의 풍경이 펼쳐진다. 일본은 대단히 아름다운 자연을 지닌 나라이다. 그러나 지진과 홍수, 태풍이 끊이지 않고 쓰나미까지 밀려와서 국토를 황폐화시켰다. 자연 그 자체를 경외하고 두려워하지만, 그것들을 지으신 창조주에 대해서는 관심이 없다.

이 땅의 사람들은 회복력이 강하다. 그들은 파괴적인 지진이 있을 것이라는 예보를 듣고도 자제심을 발휘하여 그대로 살아간다. 재난을 당하면, 엉망이 된 것들을 깨끗이 치우고 그대로 자신들의 삶을 이어간다.

일본 사람들은 지난 일 년의 삶이 어떠했든지, 한없이 약하지만 매년 봄 다시 피어나는 벚꽃의 아름다움에서 영감을 얻는다. 그리고 같은 방식으로, 내일이 가져다 줄 것에 최선을 다하려고 노력한다. 그러나 99% 이상이 그들의 미래를 쥐고 계신 하나님을 믿지 않는다. 그래서 많은 이들이 희망을 잃는다.

## 기도제목 :

- 일본사람들이 창조주이시며 힘을 주시는 하나님을 만나는 기회를 갖도록
- 그리스도인들이 그들의 삶으로 하나님 나라를 살아내도록
- 아직 복음을 듣지 못한 수많은 사람들에게 복음을 전하는 자유가 지속되도록

**마가복음 11:24**
*그러므로 내가 너희에게 말하노니 무엇이든지 기도하고 구하는 것은 받은 줄로 믿으라. 그리하면 너희에게 그대로 되리라*

# 일본 OMF의 사명과 비전

2일

여러분이 이제껏 본 것 중에서 가장 많았던 군중을 마음의 눈으로 그려보라. 그것은 아마도 경기장에서 열리는 스포츠 경기나 음악회였을 것이다. 어쩌면 혼잡한 시간에 도쿄에서 기차를 타려고 하는 군중이었는지도 모르겠다. 이제 작은 그룹의 사람들을 그려보라. 당신이 사는 동네에 학교의 한 학급의 아이들이 모여 있다. 얼마나 크게 대조가 되는가!

OMF는 왜 일본에서 일하는가? 수많은 사람들이 예수님을 모른다. 사람들은 군중 속에서 길을 잃는다. 예수님처럼 우리도 복음을 가지고 사람들에게 다가가려고 노력한다. 우리의 의무는 복음을 전하고, 하나님의 메시지를 일본 사람들에게 전하며, 믿는 사람들이 예수를 따르는 사람이 되도록 돕는 것이다. 우리는 일본 전역에 더 많은 믿음의 공동체가 생겨나기를 간절히 소망한다.

OMF는 일본에서 홋카이도, 도호쿠, 칸토오 이 세 지역에 집중한다. 우리는 교회를 개척한다.  우리는 앞장서서 사회의 소외 계층에게 다가간다. 우리는 지역교회와 협력한다. 우리의 비전은 일본이 변화되는 것을 보는 것이다. 더 이상 사람들이 군중 속에서 길을 잃지 않고, 무수히 많은 사람들이 하나님 아래에서 하나로 연합되는 것을 보기 원한다.

## 기도제목 :

- 우리의 비전에 민감하게 집중하도록
- 교회가 성장하도록
- 신자들이 많은 열매를 맺도록

**에베소서 1:16**
*내가 기도할 때에 기억하며 너희로 말미암아 감사하기를 그치지 아니하고*

3일

## 종교

대부분의 일본인들은 자신이 불교나 신도(神道, Shinto) 신자라고 생각한다. 한편 다른 조사에 의하면 일관성 있게 자기가 종교를 가지고 있다고 말하는 사람은 1/3뿐이다. 이런 불일치는 일본인은 서양인이 이해하는 것과 같은 방식으로 '종교'를 이해하고 있지 않다는 사실로 설명될 수 있다. 대부분은 종교적 신념보다는, 그들의 삶을 충족시키는 효용성을 위한 종교적 실천에 관심이 있을 뿐이다. 한 사람이 신사에서 출생봉헌을 하고, 결혼은 기독교식으로 하며, 장례는 불교식으로 한다. 이렇게 일생 동안 한 사람이 세 종류의 종교의식을 거치는 것을 이상하게 생각하지 않는다.

요약하면, 대부분의 사람들은 아무런 갈등 없이 한개 이상의 종교의식에 관여하고 있다. 왜냐하면 각 종교는 경우에 따라서 필요한 이득을 제공하기 때문이다. 종교가 바른지 그른지는 이차적인 문제이다. 그러한 맥락에서 예수님을 유일한 구원의 길이라고 전해야 하는 과업은 대단히 어려운 일이다.

### 기도제목 :

- 많은 일본인들이 예수님을 자기의 모든 필요를 충족시킬 수 있는 유일한 분으로 알게 되도록
- 모든 그리스도인들이 영적 지혜와 용기와 권능을 받아서, 친구와 가족들에게 효과적으로 복음을 전하도록

**시편 17:6**
*하나님이여 내게 응답하시겠으므로 내가 불렀사오니 내게 귀를 기울여 내 말을 들으소서.*

# 교회 개척의 출발점

4일

새로운 지역으로 이사를 갔다고 상상해 보라. 거기엔 교회가 없다.

그곳에 기독교인이 살고 있는가? 아마도 적을 것이다. 그 지역 사람들이 예수님을 알게 되도록 기도하는 사람은 있는가? 그곳의 가정과 학교, 또는 다른 사회 공동체에 예수님의 말씀을 전하려는 사람이 있는가? 그런 사람은 없다고 거의 확실하게 말할 수 있을 것이다. 아마 이제껏 한 번도 없었을 것이다.

그러니 당신은 무엇을 할 수 있을까? 사람들과 사귀려고 노력하고, 사랑을 보이며 가능한 때가 오면 예수님에 대해서 이야기하라. 어쩌면 간단한 교회 모임을 시작해 보라. 또는 어떤 그룹 활동을 시작하여 그 그룹에서 성경의 이야기를 나누는 것이 용이하도록 할 수도 있겠다.

시간이 지나면서 여러분은 함께 성장하여 예수님을 위해 빛을 발하기 원하는 작은 그리스도인 그룹을 갖게 될 것이다. 그러나 여전히 복음으로 마을 전체에 다가가는 일은 무한히 벅찬 일이다. 각 사람이 100명에게 기쁜 소식을 전한다고 해도, 당신은 여전히 그저 시작하고 있을 뿐이다. 이 거대한 과업을 완수할 수 있는 크신 하나님이 계시다. 그 분께 구하자.

## 기도제목 :

- 하나님께서 일본에 사람들을 보내주셔서 교회가 전혀 없는 곳에 교회가 시작되도록
- 하나님께서 교회 개척을 이끄는 사람들에게 힘 주시고, 보호하시고 인도해 주시기를.
- 하나님께서 예수님의 말씀이 전파되기 위한 수많은 문을 열어 주시도록

**마태복음 21:22**
*너희가 기도할 때에*
*무엇이든지 믿고 구하는 것은*
*다 받으리라 하시니라*

5일

# 협력 관계를 통한 교회 개척

어떤 이들은 말한다. "교회를 개척하는 것은 선교사의 일이다"

현지에 이미 교회가 존재할 때에도 그러한가? 일본 교회는 작지만 충성되다. 하나님이 '제자를 삼으라.'고 하신 부르심에 충성되다. 교회 개척을 하고 있는 일본 교회들이 있다. 그런데 사람과 자원이 부족해서 크게 어려움을 겪고 있다.

일본 OMF는 계속 교회 개척에 힘을 쓰면서, 또 한편으로 일본 교회가 일본인을 전도하는 일에 협력한다. 도전되는 일이 많이 있다. 그래서 OMF는 우리의 제한된 자원을 어디에 집중해야할지, 즉 어느 교회와 일할지, 선교사로서 어떤 역할을 할지 등을 결정해야 한다.

또한 기회도 많이 있다. OMF와 일본 교회가 협력하여 일하면 독자적으로 갈 수 없는 지역이나 할 수 없는 사역의 분야에서 문화적 민감함을 발휘하여 더 많은 사람들에게 그리스도를 전할 수 있다.

## 기도제목 :

- OMF가 교회 개척에 비전이 있는 일본 교회와 좋은 협력 관계를 이루도록
- 일본 목사님과 동역하는 선교사들이 일본 문화에 민감하고 그들의 리더십에 순종하도록
- 일본 그리스도인들이 자신의 문화에 대해 말하는 것을 선교사들이 잘 이해하여 일본인에게 더 잘 전도할 수 있도록

**빌립보서 1:9**
*내가 기도하노라 너희 사랑을 지식과 모든 총명으로 점점 더 풍성하게 하사*

# 일본 교회

6일

아직도 일본에 선교사가 필요한가? 이것은 일본인이 아닌 외국인들이 자주 제기하는 질문이다. 일본에는 교회가 있지 않은가.

일본에는 약 8,000개의 개신교회가 있다. 대략 16,000명에 교회가 하나 있는 셈이다. 그리고 많은 지역의 비율은 이보다 훨씬 낮다. 일본에는 교회가 전혀 없는 마을과 도시들이 있다.  성도가 30명 미만인 교회가 많고, 목사 없는 교회도 점점 많아지고 있다.  세례식은 매우 드물게 이루어진다. 성도들은 노령화 되어가고, 성인과 젊은 세대는 전도하기 어렵기 때문에 미래 교회의 모습에 대해 걱정이 앞선다.

그러나 이럼에도 불구하고 일본 교회는 좋은 평판을 가지고 있고, 그 규모에 비해서 영향력이 크다. 많은 일본 기독교인들은 교회의 일원이 되기 위해서 희생을 했다. 그래서 자신의 믿음에 대해서 진지하게 생각하는 경향이 있다. 그들은 책임감이 있고 후하게 베푼다. 전도하기 위해서 기꺼이 혁신적인 수단을 시도해 보려고 하는 교회들이 늘어나고 있다.

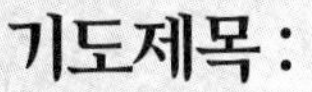

## 기도제목 :

- 일본 교회들이 서로 잘 협력하여 자원들을 공유할 수 있도록
- 평신도 지도자 훈련이 이루어지며, 필요한 교회에 목사를 보내주시도록,
- 복음 전하는 일을 위하여 선교사와 일본교회 사이에 좋은 협력 관계가 이루어지도록

**빌립보서 4:6**

*아무것도 염려하지 말고 다만 모든 일에 기도와 간구로,너희 구할 것을 감사함으로하나님께 아뢰라*

7일

# 개척 : 서퍼 (서핑하는 사람들) 사역

제자들이 사마리아 여인을 영적 수확의 대상으로 보지 못했을 때, 예수님은 그들에게 눈을 떠서 보라고 하셨다. 예수님은 우리에게 도전하신다. 복음을 받아들일 마음이 준비된 사람들이 사마리아 여인처럼 사회의 주변부에 있을지도 모른다는 것이다.

일본에 자기를 서퍼라고 하는 사람들이 약 150만 명 있다. 일요일에 교회에 나가는 사람보다 물 위에서 파도를 타는 사람들이 더 많을 수 있는 것이다. 홋카이도에는 기온이 영하 15도로 떨어지고 수온이 0도를 조금 넘는 상태에서 목숨을 걸고 파도를 타는 사람들이 있다. 이 과격한 남자 중 몇 명이 예수님을 위해서 불이 붙는 것을 상상해 보라, 지금 파도 타는 것보다 더 열정적인 모습으로. 그들은 복음을 가지고 일본 사회에 영향력을 미칠 수도 있고, 희어져 추수하게 된 밭의 곡식들도 거둘 수 있을 것이다.

일본인은 여러 취미를 갖기보다 하나의 취미에 시간과 에너지를 쏟아 붓는 경우가 많다. 특정한 관심을 가진 부류의 사람들이 많이 있다는 의미이다. 이 사람들을 전도하는 일은 도전해 볼 가치가 있는 일이다. 당신의 기도가 있다면 불가능한 일도 아니다.

## 기도제목 :

- 일본 서퍼들 가운데 교회가 세워지는 운동이 일어나도록
- 홋카이도의 서퍼들에게 열심히 전도하고 있는 OMF 사역자들을 위해서
- OMF의 미래 사역이 될 수 있는 다른 특별한 취미 그룹을 위해서, 그들을 전도하기 위한 방법과 자원을 가질 수 있도록

**요한복음 4:35 下**
*나는 너희에게 이르노니 너희 눈을 들어 밭을 보라. 희어져 추수하게 되었도다.*

# 개척 : 예술 공연 사역

도쿄의 거리는 거리공연자들로 가득하다. CCM을 가르치거나, 힙합 댄스 교실, 또는 다른 창의적인 은사들을 통하여 젊은이들이 관심을 갖는 분야를 통해 그들에게 다가가 복음을 전한다. 우리의 목표는 그들과 우정을 나누며 그리스도의 사랑을 소개하는 것이다.

일본에서는 많은 사람들이 공연, 오락 또는 취미 활동을 하면서 그것에 자신의 모든 것을 쏟아 붓는다. 그러나 그들이 삶에서 추구하고 있는 장기적인 만족은 그런 활동들로 얻을 수 있는 것이 아니다. 우리는 그들이 이해하는 언어인 춤, 음악, 드라마, 미술, 시, 팝 문화 등을 이용하여 주님의 사랑을 보여주려고 한다. 우리의 목표는 그들이 왜 그러한 재능을 가지고 태어났는지 그 이유와 자신에게 주어진 그 재능으로 창조주 하나님께 영광을 돌려야 하는 이유를 알게 하는 것이다.

## 기도제목 :

- 우리가 예술 공연을 통해서 젊은이들과 우정을 쌓고, 그들에게 그리스도를 소개할 수 있도록
- 공연 자체뿐 아니라 신자들의 제자 훈련과 믿음의 성장에 초점을 두어, 그들이 주님의 복음에 충실한 증인이 되도록

**로마서 12:6**
*우리에게 주신 은혜대로*
*받은 은사가 각각 다르니*

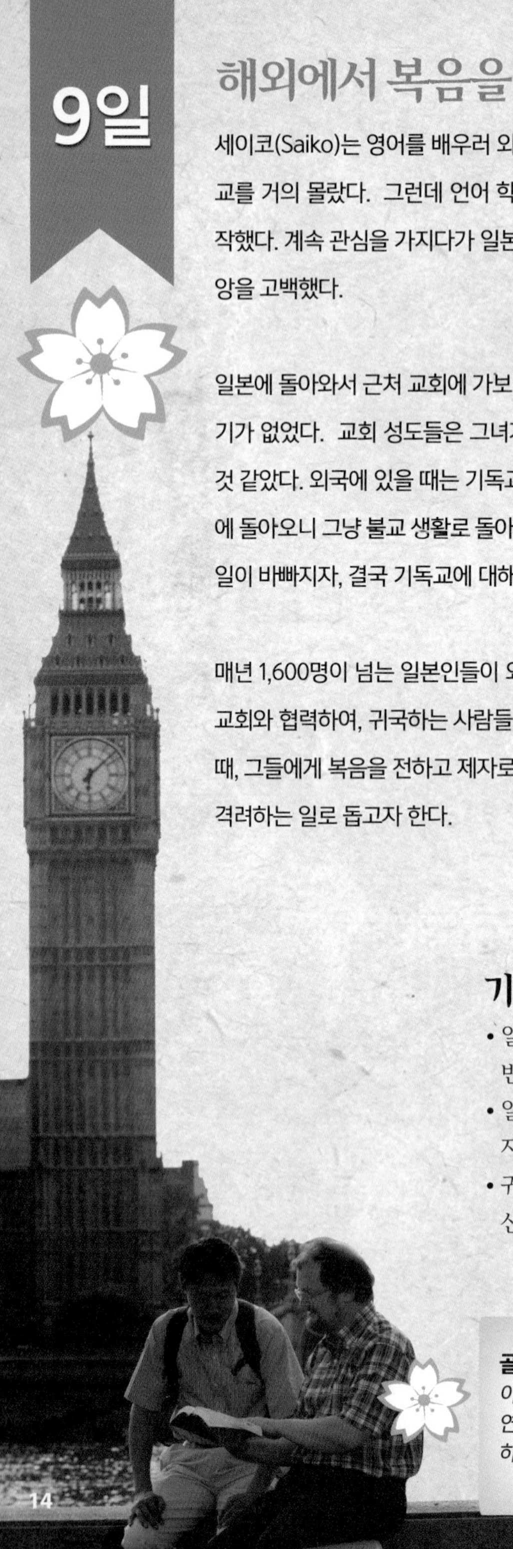

9일

# 해외에서 복음을 들은 귀국자들

세이코(Saiko)는 영어를 배우러 외국에 갔다. 가족은 불교신자여서 그녀는 기독교를 거의 몰랐다. 그런데 언어 학교에서 그리스도인을 만났고 성경을 읽기 시작했다. 계속 관심을 가지다가 일본에 돌아오기 직전에 그리스도를 믿는다고 신앙을 고백했다.

일본에 돌아와서 근처 교회에 가보니, 교회는 작고 외국에서 출석한 교회보다 활기가 없었다. 교회 성도들은 그녀가 아직 세례를 받지 않았다고 차갑게 대하는 것 같았다. 외국에 있을 때는 기독교인이 되는 것이 어려운 일 같지 않았다. 일본에 돌아오니 그냥 불교 생활로 돌아가는 것이 훨씬 더 편안하게 느껴졌다. 그래서 일이 바빠지자, 결국 기독교에 대해서 관심을 잃었다.

매년 1,600명이 넘는 일본인들이 외국에서 복음을 듣고 귀국한다. OMF는 일본 교회와 협력하여, 귀국하는 사람들이 일본 교회로 옮겨 정착하는 어려움을 겪을 때, 그들에게 복음을 전하고 제자로 훈련하며, 일본에서 그리스도를 위해 살도록 격려하는 일로 돕고자 한다.

## 기도제목 :

- 일본 사람들이 외국에 있는 동안 복음을 듣고 반응할 수 있도록
- 일본 기독교인들이 그들 교회로 돌아오는 귀국자들을 환대할 수 있도록
- 귀국자들이 효과적으로 복음을 듣고 훈련 받아 신앙 안에서 자랄 수 있도록

**골로새서 2:2**
*이는 그들로 마음에 위안을 받고 사랑 안에서 연합하여 확실한 이해의 모든 풍성함과 하나님의 비밀인 그리스도를 깨닫게 하려 함이니*

# 홋카이도 성경 신학원

홋카이도 성경 신학원(HBI)은 OMF와 일본 교회 지도자들이 공유한 비전에 의해 세워진 열매이다. 질 높은 신학 교육을 제공하여 일본 교회를 위해서 목사직을 맡을 사람들을 준비시킨다는 비전이었다. 야학으로 시작하여 1964년 9월 정식 신학교가 되었다. 이 학교의 비전은 다음 표어로 정리된다. 즉 '그리스도를 알고, 시대에 맞게 교회와 세계를 섬긴다.'

수년에 걸쳐, 거의 200명의 남녀가 이 학교를 졸업했다. 졸업생들은 현재 교회와 기독단체에서 일하고 있고, 그 중 몇 명은 외국에 선교사로 나가 있다. 정규 교과과정 외에 HBI는 최근 일본 북부지역의 농촌 지역에서 사는 기독교인들에게 현장에서 성경을 가르치는 연장프로그램을 시작했다. 400명 이상의 평신도가 지금까지 이 연장 프로그램의 혜택을 받았다.

## 기도제목 :

- 앞으로 50년 동안 주님께서 홋카이도 성경신학원을 인도하시고 축복해 주시도록
- 더 나은 교육 자료와 더 많은 학생들을 주셔서 일본과 그 밖의 지역에서 하나님의 교회를 섬기고 세우는 일을 계속할 수 있도록

**디모데후서 3:16**

*모든 성경은 하나님의 감동으로 된 것으로 교훈과 책망과 바르게 함과 의로 교육하기에 유익하니*

11일

# 협력 사역 : KGK (학생 사역)

KGK (일본 복음주의 학생 운동)는 학생의 주도권을 강조한다. 그들은 학생들이야말로 캠퍼스에서 동료 학생들에게 예수님의 좋은 소식을 전하기에 가장 좋은 위치에 있다고 믿는다. KGK는 행사보다 매일의 삶과 관계를 통한 증거와 복음화를 강조한다. 이러한 방법으로 평생 예수님의 제자로 사는 굳건한 기초가 세워진다. 많은 KGK 졸업생들은 교회의 주축이 되는 성도가 되었고, 매일매일 익숙하게 성숙한 그리스도인으로 살아간다.

어떤 때는 캠퍼스 사역에 기도하는 학생 한 명만으로도 충분할 때가 있다. 하루는 성경이 답이라고 생각하지만 교회에 나가기는 두려운 학생 하나가 갑자기 KGK 모임방에 들어왔다. 그곳에 한 KGK 학생이 불신자들과 만나게 해달라고 기도하고 나서 낮잠을 자고 있었다. 그 후 그 학생은 몇 달 동안 성경공부를 하였고, KGK와 하나님 나라에 들어오게 되었다.

## 기도제목 :

- 기독 학생들이 그리스도를 믿는 자신의 정체성에 자신감을 갖고 주님에 대해 담대하게 말할 수 있도록
- 20명도 되지 않는 인원으로 380개 대학에서 1,000명의 그리스도인을 격려하고 훈련하고 있는 KGK 간사들을 위하여.
- 추수할 들판에 더 많은 일꾼을 보내주시도록 일본에는 2백만 명 이상의 대학생들이 750군데 교육 기관에서 공부하고 있다.

**디모데 전서 4:12**
*누구든지 연소함을 업신여기지 못하게 하고,*
*오직 말과 행실과 사랑과 믿음과*
*정절에 있어서 믿는 자에게 본이 되어*

# 협력 사역 : 복음방송사역

12일

우에키씨(Ueki)는 절망적인 마음으로 철교 위에 서 있었다. 그는 멀리 역에 서 있는 기차를 보며 결심했다. "기차가 가까이 오면 나는 뛰어내릴 거야." 그는 기다리고 기다렸지만 기차는 움직이지 않았고, 그래서 그냥 집으로 돌아왔다. 다음날 그는 자기가 목숨을 끊으려고 했던 바로 그 자리에서 누군가가 기차에 몸을 던져 생을 마감했다는 것을 알았다. 그는 바로 잠을 잘 수가 없어서 우연히 '라이프 라인 (Life Line)'이라고 하는 기독교 TV 프로그램을 보게 되었다. 이 프로그램은 그가 정말로 필요로 했던 영적 생명선이었다. '라이프 라인' 프로그램을 통해서 그는 지역 교회를 찾았고, 곧 그의 아내와 함께 주님을 믿게 되었다. '라이프 라인' TV(30분)와 '세상의 빛 (Light of the World)' 라디오(12분)는 홋카이도에서 매주 방영하는 복음 방송이다. 지역교회가 도저히 다가가지 못하는 사람들 중에 이 방송에 연결되어 복음을 듣는 사람들이 많이 있다. 교회가 없는 도시와 마을이 62%이다. 복음적인 기독교인 약 61만명 중 약 38만명이 주일에 교회에 나간다. 이 숫자보다 10배 이상 많은 사람들이 '라이프 라인' TV를 보고 있다.

## 기도제목 :

- 사람들의 관심을 끌 수 있는 TV 와 라디오 프로그램 제작을 위해서
- 이 사역을 위한 재정 지원을 위해서
- 이 미디어 제작을 통해 많은 사람들이 주님을 알게 되도록

**로마서 10:14 下**

*듣지도 못한 이를 어찌 믿으리요. 전파하는 자가 없이 어찌 들으리요.*

13일

# 칸토오 : 도쿄와 근교

스카이 트리(Sky Tree, 전망대)는 현대 도쿄의 상징으로 도시 여러 곳에서 보인다. 그러나 조금만 걷다보면 전통적 일본의 상징들이 많이 눈에 띈다. 신사가 있고 절이 있으며 좁은 골목길도 있다. 뻗어나가는 대도시에는 현대와 전통이 묘하게 공존하고 있다.

칸토오 지방은 4천만 인구가 7개 현에 퍼져 살고 있다. 이곳은 도쿄와 요코하마와 같은 대도시와 도시 근교 지역, 그리고 거의 농촌으로 보이는 지역까지 포함한다. 어디를 가든지 사람들이 있다. 비교적 큰 역들은 혼잡한 시간에 사람들이 인산인해를 이루고 그 역의 주변 지역은 생명력이 넘쳐난다.

그러나 많은 일본인들은 외롭다. 상한 마음을 가진 사람들이 많다. 미소는 피상적일 수 있다. 그러한 사람이 너무 많기 때문에 예수님의 좋은 소식을 들고 사람들에게 다가가기 쉬울 수 있다. 사람들은 그저 자기 일을 하면서 일상을 살아간다. OMF는 군중 속에 묻혀 사는 그 사람들을 전도하기 위해서, 이 지역에 선교사를 배치하고 그들에게 주님의 사랑을 전한다.

## 기도제목 :

- 군중 속에서 길 잃은 영혼들이 주님 안에서 희망을 찾을 수 있도록
- 전통이나 현대적인 것, 두 가지 모두 해답을 줄 수 없다는 것을 사람들이 알도록
- 교회가 사람들이 소속감을 느낄 수 있는 공동체가 되도록

**에베서소 6:18**

*모든 기도와 간구를 하되 항상 성령 안에서 기도하고 이를 위하여 깨어 구하기를 항상 힘쓰며 여러 성도를 위해 구하라*

# 홋카이도 : 가장 북쪽의 현

14일

홋카이도에서 작은 교회가 주변 지역 전도하는 것을 큰 교회가 일주일 동안 도왔다. 그들은 음악회로 사역을 마무리했다. 한 신자가 말했다. “여러분이 우리를 도와주셔서, 한 주뿐이었는데도 이렇게나 많은 것을 할 수 있었어요. 함께 일하니 대단하네요. 와주셔서 감사합니다.” 고군분투하고 있는 작은 교회들은 큰 교회가 전도팀을 보내어 협력할 때 크게 용기를 얻는다. 일본에서 제일 큰 현인 홋카이도에서 하는 OMF 사역은 “협력 사역”이라는 말로 요약할 수 있다. OMF는 홋카이도 전역에 개척 전도로 주요 도시에 교회를 시작했다. 지난 25년 동안 일본복음교회연합(JECA)이 새로운 교회를 개척할때, 아예 처음부터 OMF 선교사와 일본 목사가 함께 했다. 최근에 개척된 홋카이도의 교회들은 함께 연합하여 재정과 기도로 사역을 서로 지원한다.

## 기도제목 :

- 사람들이 복음과 예수님께 마음을 열도록
- 교회 간에 협력과 격려가 지속되도록
- 고군분투하고 있는 작은 교회들이 주님을 위한 활기찬 빛이 되도록

**역대하 6:40**

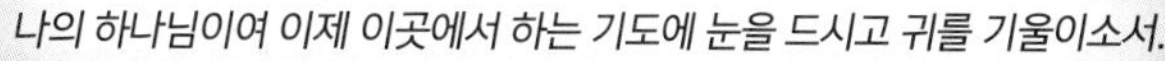
*나의 하나님이여 이제 이곳에서 하는 기도에 눈을 드시고 귀를 기울이소서.*

# 15일 도호쿠 : 혼슈 북동부

한 소녀가 철로 옆에서 울고 있는 친구를 발견했다. "우리 선생님도 못하는데, 어떻게 우리가 기독교인으로 설 수 있나요?" 이것은 40년 전 혼슈에서 일어난 일이다. 신실한 주일 학교 선생님이 갑자기 불신자와 결혼하겠다고 발표했기 때문이다.

많은 기독교인들이 가족과 공동체의 가혹한 압력에 굴복하여 신앙생활을 중단한다. 그들이 힘든 중에 신앙생활을 계속하려면 도움이 필요하다.

과거에 몇몇 도호쿠의 도시들은 일본인들과 선교사들이 이끄는 기독교 활동의 중심지였다. 기독교인이 도호쿠에는 별로 없고, 도호쿠 출신은 많이 있다. 왜냐하면 많은 사람들이 학교나 직장을 따라 타지방으로 가서 대부분 고향으로 돌아오지 않기 때문이다. 한때 활기찼던 기관들은 이전의 비전을 잃어버렸다. 양적 성장이 없는 교회를 누가 수십 년 동안 이끌 수 있겠는가?

지역 교회들은 어두운 곳에서 유일한 등대로 서 있다. 주께서 새로운 방식으로 성령을 부어주실 때 그들은 그곳에서 추수한 곡식을 받게 될 것이다.

그리고 친구가 우는 소리를 들었던 작은 소녀는? 그녀는 도시로 이사를 갔다가 다시 그 지역과 교회로 돌아왔다. 그 소녀는 믿었고, 세례를 받았으며, 교회 오르간 연주자가 되었다. 그녀는 그 일을 거의 30년 동안 하고 있다.

## 기도제목 :

- 얼마 되지 않는 신실한 성도들, 목사, 선교사들이 하나님의 말씀을 붙잡고 나아갈 수 있도록
- 복음을 들은 사람들이 하나님의 성령으로 감동을 받아 공개적으로 주님께 헌신하도록
- 도호쿠 지역에 더 많은 사역자를 보내주시도록

**다니엘서 9:3**
*내가 금식하며 베옷을 입고 재를 덮어쓰고 주 하나님께 기도하며 간구하기를 결심하고*

# 쓰나미 이후

16일

"우리를 잊지 말고 부디 다시 와 주세요!" 이와테(Iwate) 해안 지역에서 사역을 마치고 떠나기 전날 밤, 한 노신사가 선교사에게 한 말이다. 그분은 선교사가 아는 분도 아니었는데 선교사가 떠난다는 말을 듣고 그렇게 말한 것이었다. 이것은 2011년 3월11일 쓰나미로 피해를 입은 많은 사람들의 전형적인 모습이다. 재난 이후 시간이 흘렀기 때문에, 쓰나미가 얼마나 깊게 사람들의 삶에 영향을 미쳤는지를 사회는 잊어가고 있다. 자원봉사자가 대폭 줄어들자  그곳 사람들은 자신들이 잊혀졌다고 느낀다. 고립감과 외로움이 그들 마음에 찾아들었다.

이와테 해안 지역에는 교회 다니는 사람도 거의 없고 그리스도인을 만날 기회도 매우 드물다. 그리스도인들이 그 지역에 와서 살아야 할 필요가 절실한 이유이다. 다른 사람들이 그 안에 살아계시는 그리스도를 볼 수 있도록.

우리는 그리스도인으로서 그들에게 집이나 일자리는 줄 수 없지만, 그들의 삶의 일부는 될 수 있다. 우리는 하나님의 존재를 보여줄 수 있다. 많은 사람들이 고립되고 외롭다고 느낄 때, 우리는 "당신들을 잊지 않았다"라고 말해 줄 수 있다. 우리 중 누구라도 그들과 함께 걸으며 용기를 주는 친구가 될 수 있다.

## 기도제목 :

- 하나님께서 이와테 해안지역 그리스도인들을 보호해 주시고 신앙을 강하게 해주시기를
- 기독교 사역자들이 재난 지역에 더 많이 와서 머물도록
- 일본 해안 지역 사람들이 더 많이 그리스도인이 될 수 있도록

**시편 25:16**

*주여 나는 외롭고 괴로우니 내게 돌이키사 나에게 은혜를 베푸소서*

17일

# 문화와 복음의 접촉점

일본 가정에서 딸에게 감사하며 축하하는 축제날(ひなまつり, 히나마쯔리)이 있다. 장식된 인형들이 집집마다, 학교에 그리고 상점들에 전시된다. 작은 교회에는 인형이 없었지만 그 날의 중요성에 주목하는 메시지가 있었다. 성경 본문은 에스더서였다. 성도 중 한 사람이 소녀들을 보내주신 하나님께 감사하는 기도를 했다. 축제에서 사람들은 인형이 사람들의 죄를 대신 졌다고 간주하고 물에 떠내려 보내는 행사가 있었는데, 선교사는 예수님의 죽음과 인형 축제의 전통 사이에서 연결점을 찾으며 성찬식을 했다.

이 교회는 성경과 지역 문화 사이의 차이를 연결하기 위해 간단한 방법으로 노력하고 있었다. 어떻게 복음 메시지의 진실과 권능을 잃지 않으면서, 일본인의 가슴에 도달하기 위해 일본 문화와 충분히 동일화할 수 있을까?

일본의 선교사로서 우리는 언어와 문화를 함께 배우고 있다. 우리가 처한 상황에 성경의 가르침을 적용함으로써 가능한 한 복음에 장애가 되는 요소들을 없애려고 노력한다. 그 균형을 잡는 일은 쉽지 않다. 우리에게 지혜와 창의성이 필요하다. 교회가 이 지역사회에서 잘 뿌리 내리고 자라는 것을 보기 원하기 때문이다.

## 기도제목 :

- 선교사들이 일본 문화를 잘 이해하도록
- 교회가 문화적으로 적절하면서도 알맞게 복음으로 문화를 뛰어 넘는 능력을 가지도록

**로마서 12:12**
*소망 중에 즐거워하며 환난 중에 참으며 기도에 항상 힘쓰며*

18일

# 일본 정부

최근에 일본 정부는 여러 중요한 문제들에 직면했다.

- 지진, 쓰나미, 핵시설 파괴가 있었던 2011년 3월의 재난
- 10년 이상의 경제 불황
- 영토 주장과 역사적 불만 사항으로 악화된 한국, 러시아, 중국과의 국제관계
- 출산율 저하와 빠르게 노령화되는 인구
- 리더십의 잦은 교체
- 방대하고 늘어가는 공공 부채

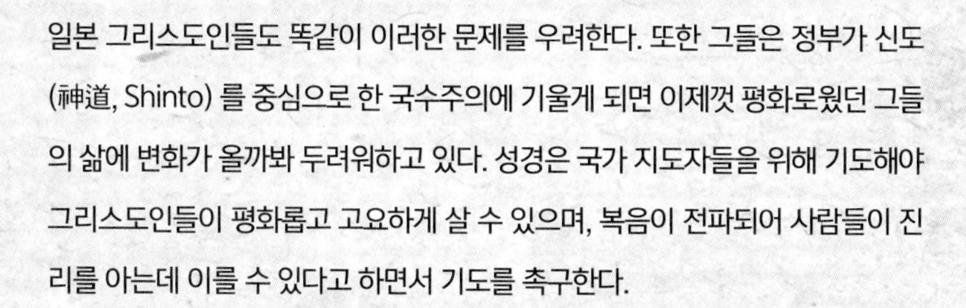
일본 그리스도인들도 똑같이 이러한 문제를 우려한다. 또한 그들은 정부가 신도(神道, Shinto) 를 중심으로 한 국수주의에 기울게 되면 이제껏 평화로웠던 그들의 삶에 변화가 올까봐 두려워하고 있다. 성경은 국가 지도자들을 위해 기도해야 그리스도인들이 평화롭고 고요하게 살 수 있으며, 복음이 전파되어 사람들이 진리를 아는데 이를 수 있다고 하면서 기도를 촉구한다.

## 기도제목 :

- 일본 수상과 다른 부처 장관들이 일본이 직면한 많은 문제들을 다룰 때 하나님께서 지혜를 주시도록
- 현재 있는 종교의 자유가 유지 되어 많은 사람들이 복음을 들을 수 있도록
- 그리스도인들이 요셉과 다니엘의 지혜를 가지고 어떻게 비기독교적인 사회에서 거룩하고 영향력 있는 삶을 살아갈지 알 수 있도록

**디모데 전서 2:1~2**

*그러므로 내가*
*첫째로 권하노니*
*모든 사람을 위하여 간구와*
*기도와 도고와 감사를 하되*
*임금들과 높은 지위에 있는*
*모든 사람을 위하여 하라*

# 고령화 사회의 일본

일본에서 어르신을 존경하던 전통이 빠른 속도로 해체되고 있다. “가족들이 너무 바빠서 나는 버려진 느낌이에요” M 할머니의 말씀이다. “나는 매주 병원에 가요. 의사는 내게 시간을 내주기 때문이지요.” 라는 할아버지도 계시다.

일본의 인구는 줄고 있다. 일본인 4명 중 한명은 65세 이상인데, 이 수는 2050년까지 40%로 늘어날 전망이다. 도시는 이 빠른 증가에 대처하기 위해서 재빨리 움직이고 있다. 집에서 죽음을 맞이하는 비율이 다른 선진국은 30%인데 비해서 일본은 10%이다. 양로원에 들어가려는 대기자 명단이 매우 길다. 양로 시설마다 대체로 훈련되지 않은 저임금 직원들을 고용하기 때문에 자주 바뀐다.

우리는 일본 노인들이 더 많이 세례 받는 것(어떤 이들은 생애 마지막 순간에)을 보기를 기도하고 있지만, 대다수의 일본 어르신들은 복음을 듣지 못한다. 당신의 기도가 이것을 바꿀 수 있다.

## 기도제목 :

- 해체된 가족이 다시 연결되도록. 많은 어르신들이 존경받고 그들 자녀로부터 보살핌을 받도록
- 일본 사람들이 품위 있고 편안하게 생을 마감할 수 있도록
- 그리스도인들이 어르신들에게 충분히 시간을 들여 복음을 전할 수 있도록

**레위기 19:32**
*너는 센머리 앞에서 일어서고, 노인의 얼굴을 공경하며*

# 일터에 있는 일본인들

20일

타로우(Taro)는 가족을 사랑하지만 좀처럼 만날 기회가 없다. 그는 매일 아침 새벽 5시에 집을 떠나 2시간씩 차를 타고 일터로 간다. 그는 하루 종일 열심히 일하고 자정에 집에 돌아온다. 어떤 토요일에는 못 마친 일을 하러 사무실로 간다. 다른 토요일에는 지쳐서 잠을 잔다. 일요일에는 그의 아내와 아이들과 소중한 시간을 보낸다.

타로우의 일이 아니다. 일본에서 수백만 명의 남녀 근로자들은 끊임없는 압박을 받으며 비슷한 삶을 살아가고 있다. 그들 동료 중에는 아마도 그리스도인이 없을 것이다. 그들은 집에서 방해를 받는 것을 좋아하지 않고, 교회에 가려고 시간을 포기하고 싶어 하지 않는다. 어떻게 그들에게 예수님을 전할 수 있을까?

시간제로 일하는 사람들도 많이 있다. 직업을 갖지 못하거나 원하지 않는 사람들이다. 그들은 낮은 급여를 받고 전문 기술이 필요 없는 두세 가지 일을 하면서 부모님과 같이 산다. 어떤 이들은 스트레스가 없는 이런 상황을 즐기기도 하지만, 대부분은 미래에 대해 두려워하고 있다. 결혼해서 독립적으로 살 여유가 없을 것 같아 두려워하는 것이다.

## 기도제목 :

- 교회가 타로우처럼 바쁜 사람들에게 전도할 수 있는 창의적인 방법을 찾도록
- 교회가 전통적인 생활방식과 사고방식을 거부하는 시간제 근로자들을 사랑하고 전도할 수 있도록
- '모든 것을 일에 바치는' 또는 '충분히 일하지 않는' 양 극단이 해결되고 가족이 번영할 수 있는 균형 잡힌 사회가 되도록

**시편 18:29**
*내가 주를 의뢰하고 적군을 향해 달리며 내 하나님을 의지하고 담을 뛰어 넘나*

21일

# 다음 세대

"나는 정말 교회에서 지루했어요. 그런데 부모님께 교회에 가기 싫다고 말할 용기가 없었어요. 그래도 여름 수련회를 기대했어요. 나와 비슷한 나이의 아이들과 어울릴 수 있어서요. 그런데 바로 그 여름 수련회에서 하나님이 제게 성경을 통해 주시는 메시지를 듣고 그리스도를 따르기로 결심했습니다. 그때부터 저는 가족 때문이 아니라 내가 예수님을 따르고 싶어서 교회에 나가요."

대부분 그리스도인 가정의 고등학생들이 교회에 출석한다. 보통 수준의 교회에서는 청소년 숫자가 적어서 프로그램이 많이 없다. 그래서 매년 열리는 여름 수련회가 일본의 청소년 전도에서가장 중요한 행사가 된다. 청소년 중심 메시지와 다양한 교회에서 온 사람들과 함께 지내며 활동을 하는 수련회 동안에 많은 청소년들이 주님을 따르기로 결심한다.

## 기도제목 :

- 일본의 청소년들이 그리스도께 오도록
- 네트워킹을 통한 연합 사역으로 더 많은 수련회와 청소년 전도를 할 수 있도록
- 그리스도인 부모에게 하나님의 지혜를 주셔서 자녀들을 주님을 기쁘시게 하는 길로 가게 양육하도록

**전도서 12:1**
*너는 청년의 때에*
*너의 창조주를 기억하라...*

# 조상 숭배

22일

매년 8월, 일본인들은 관습적으로 고향에 돌아가 가족 묘지를 방문한다. '오봉(お盆)'이라고 하는 이 시기에, 조상신들이 돌아오는 것을 환영하기 위한 축제가 지역공동체에서 열린다. 중심 이벤트는 '봉((お盆)' 춤이다. 오늘날 오봉 축제에 참여하면서 의식적으로 조상을 생각하는 일본인은 거의 없다. 그러나 우상 숭배는 그리스도인들에게 언제나 어려운 문제로 다가온다.

조상을 섬기는 것은 복음에 큰 장애물이다. 사람들은 전쟁 사망자들을 야스쿠니 신사에서 숭배하고, 돌아가신 집안 어른들은 집에 있는 제단에서 숭배한다. 조상에 대한 의식의 어떤 면은 분명히 종교적이지만, 사랑하는 가족을 잃은 것을 슬퍼하며 기억하기 위한 문화적 수단이 되기도 한다.

이 오랜 관행에 존재하는 문화적, 종교적 복잡성에 교회가 건설적으로 참여할 수 있기 위해서 우리의 기도가 필요하다. 사람들이 상실감으로 슬퍼할 때, 하나님의 진정한 평안을 경험하도록 의미 있는 성경적 대안을 만들어 내어 도와야 한다. 세상을 떠난 가족들을 기억하는 것이 문화적으로 가치 있다고 수긍하면서도, 우상숭배에 대해서는 확실하게 반대하는 태도를 지녀야하므로 기독교 사역자들에게 매우 지혜가 필요하다.

## 기도제목 :

- 복음적인 방법으로 교회가 조상숭배에 대한 문제에 관여하고, 세상을 떠난 가족을 애도하는 사람들을 도울 수 있는 문화적 대안을 제공하도록
- 일본 기독교인들이 조상을 숭배하지 않으면서도 창의적이고 의미 있는 방법으로 그들을 기억하는 지혜를 가지도록
- 선교사들이 조상숭배 문제에 대해서 더 잘 이해해서 순수하게 추모하는 요소와 우상숭배 관행을 구별하는 것을 도울 수 있도록

**베드로 전서 3:12**

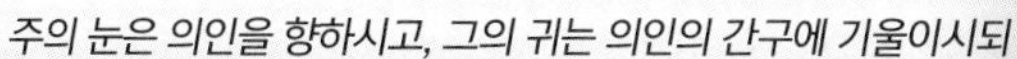

*주의 눈은 의인을 향하시고, 그의 귀는 의인의 간구에 기울이시되*

23일

# 그리스도인이 직면하는 반대

한 성도의 남편이 자기 아내를 발로 찼다. 아내의 삼촌의 장례식에서 그녀가 돌아가신 분을 위해 향을 피우지 않아 불쾌하던 차에 술을 마시고서 저지른 일이었다.

사실 일본에서 어떤 일에 반대할 때 그렇게 물리적인 경우는 드물다. 오히려 전통을 따르라고 꾸준히 압력을 행사한다. 전통을 따르지 않는 것은 다른 이에게 폐를 끼치는 것으로 간주되어 문화적으로 수용되지 않는다. 조화를 깨는 것은 자신의 양심에 반대하여 행동하는 것보다 더 큰 위반이라고 여긴다.

반대는 직장, 학교, 또는 이웃에서도 나올 수 있다. 어떤 사람이 밭일을 하지 않고 교회에 갔는데, 그날 이웃 사람들은 밭에서 일을 하고 있으면, 시댁이나 처가 식구들에 의해 험담을 들을 위험이 있다.

이러한 압력은 하나님을  진심으로 추구하는 사람들에게 자주 갈등의 원인이 된다. 일본 사람들은 개개인이 자신의 생각과 느낌을 가지고 있어도, 그대로 행동하기 위해서는 엄청난 용기가 필요하다.

## 기도제목 :

- 다른 사람들이 어떻게 생각하든지 기꺼이 그리스도를 따르도록
- 사람들이 주변 사람들에게 동화되지 않으면서도 그들과 함께 사는 법을 알 수 있도록
- 교회가 따뜻한 공동체의 삶을 제공하여 신자들을 격려하고, 믿지 않는 지역사회에 그리스도를 보여줄 수 있도록

**시편 18:6**
*내가 환난 중에서 여호와께 아뢰며 나의 하나님께 부르짖었더니*

# 가족들

24일

"멀리 전근 간 남편을 의지하고 사는데, 두 주에 한 번씩 밖에 만나지 못해요. 그런데도 남편은 집에 와서 그냥 꼼짝 않고 있는 거예요. 큰 충격이었어요."

아버지들은 너무 오랜 시간 일을 해서 집안에서는 이방인이 되어 버린다. 어머니들은 가사일도 해야 하고 자녀 양육도 혼자 한다. 어머니들은 자녀가 대단한 성과를 내도록 강요하고, 적지 않은 과외비를 지불하기 위해서 일터로 돌아가는 경우가 많다.

부부사이에 애정이나 친밀감이 다 사라져서 결혼 생활이 기계적이 될 때가 많다. 집안에서 서로에게 소홀히 하고 학대하는 것이 점점 더 일상적이 되어간다. 많은 아이들이 감정적으로 애착을 잃게 되며, 자신의 가치가 일의 성취에만 달려 있다고 배운다. 그래서 모순되게도 집단 지향적인 일본에서 소외와 외로움은 심각한 문제가 되고 있다. 심지어 집에서도 그러하다.

이혼이 증가하고 있고, 많은 젊은이들은 결혼을 하지 않거나 아이를 낳지 않는다. 공허감을 채우기 위해서 애완동물, 소셜 미디어, 그 외 다른 것들을 추구한다.

## 기도제목 :

- 기독교 가정들의 경건하며 신실하게 사는 모습들이 다른 이들에게 증거가 되도록
- 교회가 상처받은 가정에 도움과 해결책을 줄 수 있도록
- 하나님의 가족인 교회가 일본 사회에 진정한 공동체의 모델이 될 수 있도록

**디모데 전서 3:4**

*자기 집을 잘 다스려 자녀에게 모든 공손함으로 복종하게 하는 자라야 할지며*

25일

# 정신 건강

도쿄에서 기차가 지연되는 것은 대부분 '승객의 부상' 때문이다. 그것은 누군가가 자살하려고 다가오는 기차에 몸을 던진다는 의미이다. 일본의 자살률은 1년에 3만 명에 이른다. 아동학대의 경우도 매년 늘어나서 매년 100명의 어린이들이 죽고 있다. 학교 폭력은 공포를 갖게 하고 은둔형 외톨이(이런 사람을 '히키고모리'라고 함)가 되거나 자살에 이르게 한다. 배우자의 가정 폭력으로 매년 100명 이상이 목숨을 잃는다. 노인들과 혼자 사는 사람들의 고독사에 대한 우려가 증가하고 있다. 특히 2011년 3월 11일 쓰나미 이후 임시 주택에서 사는 사람들의 고독사 문제도 심각하다. 재난 이후 스트레스에 의한 죽음이 2011년 지진과 쓰나미에 의해 죽은 사람들의 수를 초과하고 있다.

"내 아들이 중학교를 중퇴하고 7년 동안 히키고모리가 된 것을 아무도 모르고 있었어요. 그런데 2011년 3월 지진 때문에 방에서 나올 수밖에 없었지요. 아들은 선택의 여지없이 대피센터에서 다른 사람들과 함께 살 수 밖에 없었어요. 그때 나는 내 아들에 대해 사람들에게 말하는 것을 부끄러워하면 안 된다고 스스로에게 말했어요."

## 기도제목 :

- 도움이 필요한 사람들이 도움과 희망을 구하고 찾는 용기를 가지도록
- 그리스도인들이 실제적인 방법으로 '이웃 사랑'을 실천할 수 있도록
- 성령의 능력으로 죽음을 이기는 승리와 생명을 주시도록

**이사야 61:1**
*나를 보내사 마음이*
*상한 자를 고치며,*
*포로 된 자에게 자유를,*
*갇힌 자에게*
*놓임을 선포하며*

# 선교사의 삶

26일

선교사 모임의 티 타임(tea time)에 한 청소년 자녀를 둔 어머니가 전도 사역을 하고 있는 연로한 선교사와 자신의 영어수업에 대해 의논하고 있다. 초기에 교회를 세웠던 한 남편은 가까이서 우리의 재정담당자와 즐겁게 차를 마시고 있었다. 자신의 인생에 하나님의 다음 단계를 궁금해 하는 단기 사역자는 선교관 담당자와 첫 임기에 일본어를 공부하고 있는 젊은 어머니와 담소를 나누고 있었다.

선교사의 삶은 신임 사역자로부터 언어 배우는 학생을 거쳐 은퇴까지 시기에 따라서 다양하다. '전형적인 선교사'란 없다. 그들도 다른 이들과 마찬가지로 매일 자신을 돌봐야 하고, 재정과 같은 삶의 문제도 다루어야 한다. 본국에 있다면 여러 가지 도움을 받을 수도 있겠지만, 선교지는 언어와 문화가 다른 곳이고 가족과 친구들은 멀리 떨어져 있기 때문에 상황이 다른 것이다.

타문화에서 살며 사역하는 것은 흥미로울 수도 있지만 한편으로 도전적인 일이다. 선교사들은 사역을 위해서 뿐 아니라 매일 만나는 문제들을 위해서도 기도가 필요하다.

**요한복음 17:15**
*내가 비옵는 것은 그들을 이 세상에서 데려가시기를 위함이 아니요, 다만 악에 빠지지 않게 보전하시기를 위함이니이다*

## 기도제목 :

- 선교사들이  건강한 삶의 형태를 유지하기 위해 힘쓰도록
- 선교사들이 도전에 굴복하기보다 도전을 껴안을 수 있도록
- 지도자들이 서로 다른 인생의 계절을 살아가고 있는 선교사들을 지원할 때 지혜를 덧입을 수 있도록

27일

# 일본 OMF의 지도자들

컴퓨터에서 알림 음이 나온다. 또 다른 메일이 왔다! 이 시간에 무슨 메일이람? 선교사는 컴퓨터 화면의 글을 읽는다. 그는 피곤했고 이미 좌절하고 있었다. 늦은 시간에 온 이 이메일은 대부분 전혀 즐거운 것이 아니기 때문이다.

OMF 지도자의 하루가 언제나 끊임없는 이메일과 전화와 회의로만 이루어지는 것은 아니다. 그러나 가끔 이러한 일들이 일상을 점령해서 전략적 지도와 큰 그림을 그릴 시간이 거의 없다.

일본 OMF 리더들은 많은 압력을 받으며 일한다. 사람들의 삶에 영향을 줄 중대한 결정을 해야 한다. 리더들은 지혜, 은혜, 민감성, 용기, 그리고 확신이 필요하다. 그들은 다른 사람들처럼 약점들과 씨름해야 한다. 제일 어려운 일 중 하나는 한계를 정하는 것이다. 일, 휴식, 가족과의 삶의 균형을 잡아야한다. 리더들은 우선순위를 정해야 하기는 하지만, 무엇인가 혹은 누군가에게 주의를 기울여야 할 때는 충분히 융통성이 있어야한다. 그들은 상황이 아무리 다급해도 성경읽기와 기도를 위한 시간은 확보해야한다.

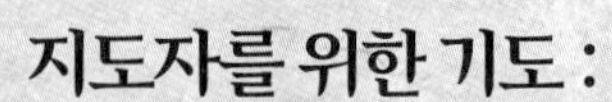

## 지도자를 위한 기도 :

- 전략적 지도와 비전 제시를 위한 일에 집중할 수 있도록
- 지혜로운 방법으로 시간, 에너지, 임무 사이의 균형을 잡도록
- 하나님과 가까이 동행하며 그 분의 힘 안에서 일할 수 있도록

**고린도전서 7:5**
*다만 기도할 틈을 얻기 위해*

# 단기 사역자들

단기 사역자는 장기 선교사들의 사역을 돕기 위해 일본에 오는데, 그 기간 동안 자신도 제자로서 성장한다.

이 단기 사역자들의 도움 덕분에 장기 선교사들은 자신의 일에 더 온전히 헌신할 수 있다. 장기 사역자는 일본어 공부를 더 할 수 있다. 왜냐하면 누군가가 몇 달 동안 아기를 봐주기 때문이다. 장기 사역자들은 캠프에서 불신자들과 더 마음을 여는 대화를 할 수 있다. 왜냐하면 누군가가 부엌에서 당근을 썰어주고 있기 때문이다!

다섯 명으로 구성된 한 단기 선교팀이 그들의 모교회가 지원하는 선교사의 가정과 교회를 지원하러 와서 깜짝 놀랐다. 자기들 얼굴이 대학과 지역 상점에 붙어 있는 포스터에 나와 있었기 때문이었다. 그들이 예전에 방문한 적이 있었기 때문에 그 모교회는 국제적인 팀이 모이는 행사를 할 수 있었다. 단기 사역팀 뒤에 있는 기도와 새로운 경험 덕분에 새로운 학생들도 만나고 새로운 우정도 시작된 것이었다.

장기 선교사는 단기 사역자들이 예수의 제자로 자라도록 돕는다. 단기 사역자는 결혼을 해서 타문화 사역을 하는 것에 대해서 귀중한 영감을 얻기도 하고, 또 다른 이는 선교사들이 열매도 거의 없는데도 수십년을 섬기고 있는 모습을 관찰하면서 장기 사역자에게 신실함과 끈기가 필요함을 배우기도 한다.

## 기도제목 :

- 단기팀을 맞이하는 선교사들과 단기사역 프로그램 담당자들에게 지혜와 창의성을 주시도록
- 단기 사역자들이 영적으로 자라고 타문화 사역에 더 부담을 갖도록
- 또한 일본에서 그리스도인을 격려하고 안 믿는 사람에게 도전하면서 일본인과 관계를 맺도록

**디모데 후서 4:11**
*네가 올 때 마가를 데리고 오라. 그가 나의 일에 유익하니라.*

29일

포장지를 읽을 수가 없어서 설탕 대신 소금을 산 적이 있는가? 스스로 일을 하지 못해서 어린이가 되는 것 같은 어려움을 어떻게 다룰지 스스로 질문해 보라. 자기가 어떤 문화는 받아들이고 어떤 문화는 거절할 지를 어떻게 결정할 것인가? 주일 설교를 전혀 알아듣지 못할 때 당신의 영적 생활은 어떤 영향을 받을 것인가?

향수와 문화충격은 자주 분노와 눈물로 표현된다. 멀리 고국에 있는 가족은 이런 어려움을 이해하기 어렵고 전혀 이해하지 못할 때도 많다.

OMF는 여러 배경에서 온 신임 선교사들을 돕는다. 일본인에게 예수님을 전하기 위해서 자기 부부만 아니라 심지어 자녀들도 언어와 문화를 배운다. 평생 배워야 하는 신임 선교사들을 훈련하고 격려하기 위해서, 또 이 어려움을 겪는 과정에서 그들을 지원하기 위해서 지혜가 필요하다.

## 지도자를 위한 기도 :

- OMF가 신임 선교사들을 맞이하고 훈련하고 돌볼 때, 도움이 되는 전략을 계속 개발할 수 있도록
- 신임 선교사들을 훈련하고 돌보는 일에 관련된 사람들이 사랑, 인내심, 이해, 그리고 지혜를 가질 수 있도록
- 새로운 선교사들이 언어와 문화를 배울 때 하나님께서 영적 활기, 위로와 겸손을 허락하시도록

**에베소서 4:11~12**
*그가 어떤 사람은 사도로, 어떤 사람은 선지자로, 어떤 사람은 복음 전하는 자로, 어떤 사람은 목사와 교사로 삼으셨으니 이는 성도를 온전하게 하여 봉사의 일을 하게하며 그리스도의 몸을 세우려 하심이라*

# 선교사 지원 사역

30일

올림픽 선수가 금메달 받는 것을 보면서 그 선수가 거기까지 이르도록 도운 지원 팀을 반드시 떠올리지는 않는다.

인생의 여러 면에서도 마찬가지이다. 행정비서 없이 어떻게 사장이 있을 수 있을까? 장관 없이 수상 혼자 어떻게 일을 할 수 있을까?

선교사들도 같은 상황에 있다. 그들에게는 중요하게 해야 할 일들이 있다. 그러나 다른 사람들의 도움 없이는 어렵다. 외국에서 살 때 특별한 어려움들이 있다. 비자 신청, 세금, 다른 의료 시스템, 자녀를 합당하게 교육시키는 등의 모든 일이 쉽지 않기 때문에 OMF는 그러한 면에서 선교사들을 돕는다.

자녀를 기독교 국제학교에 보낸 선교사의 속 이야기를 들어보자.

"우리는 우리 자녀가 성경적인 좋은 교육을 받고 있어서 마음이 놓입니다. 우리는 더 자유롭게 선교 사역에 집중할 수 있습니다."

## 기도제목 :

- 재정 관리자, 선교사자녀(TCK) 상담, 의료 상담, TCK 교사들, 언어와 오리엔테이션 담당자들 그리고 지역 리더들과 같이 선교사를 돕는 사역을 하는 선교사들을 위해서.
- 신임 선교사들을 돕는 사역자들의 필요들을 채워주시도록.
- 선교사 지원 사역자들에게 지혜와 사랑을 주시도록.

*은사는 여러 가지나 성령은 같고* **고린도 전서 12:4**

31일

# 미디어를 통한 전도

인구가 1억 2천만 명이 넘는 일본은 스마트폰의 수가 사람 수보다 더 많다. 이전에는 기차 안에서 신문이나 책을 읽는 사람들이 많았지만, 요즘은 모든 사람들이 전자기기에 몰두하고 있다. 특히 늘 시간이 없는 일본 문화에서 새로운 미디어가 일본 사람들이 정보를 얻는 일상적 형태가 되었다는 것은 놀랄 일이 아니다.

복음화를 위해 미디어를 만들어내고 온라인 미디어를 이용하는 쪽으로 교육을 하는 그룹이 있다. 한 단체는 사영리 소책자를 만화로 만들었다. 그것은 앱으로 볼 수 있다. 또 다른 그리스도인 만화가는 자신의 홈페이지에서 자살을 다루고 있다. 또 다른 기독교 회사는 일본 그리스도인들이 간증을 하는 짧은 비디오를 만들어 올리고 있다.

일본에서 온라인 전도가 확장되는 것을 보게 되어 기쁘지만 아직도 할 일이 많다.

## 기도제목 :

- 하나님께서 기존의 미디어를 사용해서 사람들의 마음을 움직여 주시도록
- 창의적인 사람들과 충분한 자본을 보내주셔서 디지털 미디어를 통한 전도가 더 광범위하게 이루어질 수 있도록
- 온라인 자료에 의해 영향을 받는 사람들이 그리스도인들이나 교회에 연결되도록

**골로새서 4:2**
*기도를 계속하고, 기도에 감사함으로 깨어 있으라*